MY

GRAND

KID'S

QUOTES

＊＊＊＊＊

A COLLECTION OF

WISE WORDS

SILLY SENTENCES

PLAIN SIGHT PUBLISHING
AN IMPRINT OF CEDAR FORT, INC.
SPRINGVILLE, UTAH

ISBN 13: 978-1-4621-2206-6

Published by Plain Sight Publishing, an imprint of Cedar Fort, Inc.
2373 W. 700 S., Springville, UT 84663
Distributed by Cedar Fort, Inc., www.cedarfort.com

Cover and page design by Jeanne Spear, Whitney Spear, and Shawnda T. Craig
Cover design © 2018 Cedar Fort, Inc.

Printed in Korea

10 9 8 7 6 5 4 3 2 1

NAME:

DATE: / /

AGE:

WHERE WE WERE:

NAME: DATE: /   /

AGE: WHERE WE WERE:

_____

_____

_____

_____

_____

_____

_____

NAME: DATE: /   /

AGE: WHERE WE WERE:

_____

_____

_____

_____

_____

_____

_____

NAME:

DATE: /

AGE:

WHERE WE WERE:

NAME:

DATE: /

AGE:

WHERE WE WERE:

NAME:

DATE: /

AGE:

WHERE WE WERE:

NAME:

DATE: ___ / ___ / ___

AGE:

WHERE WE WERE:

NAME:

DATE: ___ / ___ / ___

AGE:

WHERE WE WERE:

NAME:

DATE: ___ / ___ / ___

AGE:

WHERE WE WERE:

NAME:

DATE: / /

AGE:

WHERE WE WERE:

NAME: _____ DATE: ___ / ___ / ___

AGE: ___ WHERE WE WERE: _____

_____

_____

_____

_____

_____

_____

_____

NAME: _____ DATE: ___ / ___ / ___

AGE: ___ WHERE WE WERE: _____

_____

_____

_____

_____

_____

_____

_____

NAME:

DATE: ___/___/___

AGE: ___

WHERE WE WERE:

NAME: _____ DATE: ___ / ___ / ___

AGE: _____ WHERE WE WERE: _____

_____

_____

_____

_____

_____

_____

_____

NAME: _____ DATE: ___ / ___ / ___

AGE: _____ WHERE WE WERE: _____

_____

_____

_____

_____

_____

_____

_____

NAME:

DATE: / /

AGE:

WHERE WE WERE:

NAME:

DATE: / /

AGE:

WHERE WE WERE:

NAME:

DATE: / /

AGE:

WHERE WE WERE:

NAME:

DATE: / /

AGE:

WHERE WE WERE:

NAME:

DATE: / /

AGE:

WHERE WE WERE:

NAME:

DATE: / /

AGE:

WHERE WE WERE:

NAME:

DATE: / /

AGE:

WHERE WE WERE:

NAME: DATE: / /

AGE: WHERE WE WERE:

_____

_____

_____

_____

_____

_____

_____

NAME: DATE: / /

AGE: WHERE WE WERE:

_____

_____

_____

_____

_____

_____

_____

NAME:

DATE: ___ / ___ / ___

AGE:

WHERE WE WERE:

NAME: DATE: /   /

AGE: WHERE WE WERE:

_____
_____
_____
_____
_____
_____
_____

NAME: DATE: /   /

AGE: WHERE WE WERE:

_____
_____
_____
_____
_____
_____
_____

NAME:

DATE: / /

AGE:

WHERE WE WERE:

NAME:

DATE: / /

AGE:

WHERE WE WERE:

NAME:

DATE: / /

AGE:

WHERE WE WERE:

_____

_____

_____

_____

_____

_____

_____

_____

_____

_____

_____

_____

_____

NAME:

DATE: / /

AGE:

WHERE WE WERE:

NAME:

DATE: / /

AGE:

WHERE WE WERE:

NAME:

DATE: / /

AGE:

WHERE WE WERE:

NAME:

DATE: / /

AGE:

WHERE WE WERE:

NAME: DATE: /   /

AGE: WHERE WE WERE:

_____

_____

_____

_____

_____

_____

_____

NAME: DATE: /   /

AGE: WHERE WE WERE:

_____

_____

_____

_____

_____

_____

_____

NAME: _____ DATE: ____/____/____

AGE: ____ WHERE WE WERE: _____

_____

_____

_____

_____

_____

_____

_____

_____

_____

_____

_____

_____

NAME: _____ DATE: ____/____/____

AGE: ____ WHERE WE WERE: _____

NAME:

DATE: / /

AGE:

WHERE WE WERE:

NAME: DATE: /   /

AGE: WHERE WE WERE:

_____

_____

_____

_____

_____

_____

_____

_____

NAME: DATE: /   /

AGE: WHERE WE WERE:

_____

_____

_____

_____

_____

_____

_____

_____

NAME:

DATE: / /

AGE:

WHERE WE WERE:

NAME:

DATE: / /

AGE:

WHERE WE WERE:

NAME:

DATE: / /

AGE:

WHERE WE WERE:

_____
_____
_____
_____
_____
_____

_____
_____
_____
_____
_____
_____

NAME: _____ DATE: ___/___/___

AGE: ____ WHERE WE WERE: _____

_____
_____
_____
_____
_____
_____

_____
_____
_____
_____
_____
_____

NAME: _____ DATE: ___/___/___

AGE: ____ WHERE WE WERE: _____

NAME:

DATE: /　/

AGE:

WHERE WE WERE:

NAME:

DATE: /　/

AGE:

WHERE WE WERE:

NAME:

DATE: /　/

AGE:

WHERE WE WERE:

NAME:

DATE: /   /

AGE:

WHERE WE WERE:

NAME: DATE: /   /

AGE: WHERE WE WERE:

_____

_____

_____

_____

_____

_____

_____

NAME: DATE: /   /

AGE: WHERE WE WERE:

_____

_____

_____

_____

_____

_____

_____

NAME:

DATE: / /

AGE:

WHERE WE WERE:

NAME: DATE: /   /

AGE: WHERE WE WERE:

_____
_____
_____
_____
_____
_____
_____

NAME: DATE: /   /

AGE: WHERE WE WERE:

_____
_____
_____
_____
_____
_____
_____

NAME:
DATE: / /
AGE:
WHERE WE WERE:

NAME:
DATE: / /
AGE:
WHERE WE WERE:

NAME:
DATE: / /
AGE:
WHERE WE WERE:

_____

_____

_____

_____

_____

_____

_____

_____

_____

_____

_____

_____

_____

_____

_____

_____

_____

_____

_____

_____

_____

_____

_____

NAME:

DATE: /   /

AGE:

WHERE WE WERE:

NAME:

DATE: /   /

AGE:

WHERE WE WERE:

NAME:

DATE: /   /

AGE:

WHERE WE WERE:

NAME:

DATE: / /

AGE:

WHERE WE WERE:

NAME: DATE: / /

AGE: WHERE WE WERE:

_____

_____

_____

_____

_____

_____

_____

NAME: DATE: / /

AGE: WHERE WE WERE:

_____

_____

_____

_____

_____

_____

_____

_____

_____

_____

_____

_____

_____

_____

_____

_____

_____

_____

NAME:

DATE: /   /

AGE:

WHERE WE WERE:

NAME:

DATE: /   /

AGE:

WHERE WE WERE:

NAME:

DATE: /   /

AGE:

WHERE WE WERE:

NAME:

DATE: / /

AGE:

WHERE WE WERE:

NAME: DATE: /   /

AGE: WHERE WE WERE:

_____

_____

_____

_____

_____

_____

_____

NAME: DATE: /   /

AGE: WHERE WE WERE:

_____

_____

_____

_____

_____

_____

_____

NAME: DATE: /   /

AGE: WHERE WE WERE:

NAME: DATE: /   /

AGE: WHERE WE WERE:

NAME:

DATE: / /

AGE:

WHERE WE WERE:

NAME:

DATE: / /

AGE:

WHERE WE WERE:

NAME:

DATE: / /

AGE:

WHERE WE WERE:

_____
_____
_____
_____
_____
_____

_____
_____
_____
_____
_____

NAME:

DATE: /   /

AGE:

WHERE WE WERE:

NAME:

DATE: /   /

AGE:

WHERE WE WERE:

NAME:

DATE: /   /

AGE:

WHERE WE WERE:

NAME:

DATE: / /

AGE:

WHERE WE WERE:

NAME: DATE: /   /

AGE: WHERE WE WERE:

_____

_____

_____

_____

_____

_____

_____

NAME: DATE: /   /

AGE: WHERE WE WERE:

_____

_____

_____

_____

_____

_____

_____

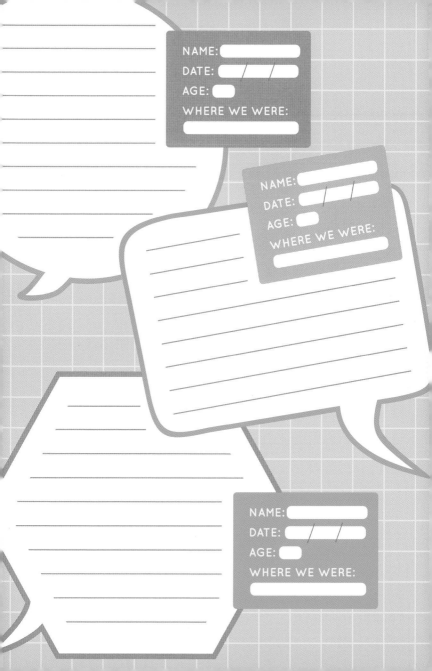

_____

_____

_____

_____

_____

_____

_____

_____

_____

_____

_____

_____

NAME:

DATE: / /

AGE:

WHERE WE WERE:

NAME: DATE: / /

AGE: WHERE WE WERE:

_____

_____

_____

_____

_____

_____

_____

NAME: DATE: / /

AGE: WHERE WE WERE:

_____

_____

_____

_____

_____

_____

_____

NAME:
DATE: / /
AGE:
WHERE WE WERE:

NAME:
DATE: / /
AGE:
WHERE WE WERE:

NAME:
DATE: / /
AGE:
WHERE WE WERE:

NAME: _____ DATE: __ / __ / __

AGE: ____ WHERE WE WERE: _____

_____
_____
_____
_____
_____
_____

_____
_____
_____
_____
_____

NAME: _____ DATE: __ / __ / __

AGE: ____ WHERE WE WERE: _____

NAME:

DATE: / /

AGE:

WHERE WE WERE:

NAME:

DATE: / /

AGE:

WHERE WE WERE:

NAME:

DATE: / /

AGE:

WHERE WE WERE:

NAME: DATE: / /

AGE: WHERE WE WERE:

NAME: DATE: / /

AGE: WHERE WE WERE:

NAME:

DATE: / /

AGE:

WHERE WE WERE:

NAME:

DATE: / /

AGE:

WHERE WE WERE:

NAME:

DATE: / /

AGE:

WHERE WE WERE:

NAME:

DATE: / /

AGE:

WHERE WE WERE:

NAME: DATE: / /

AGE: WHERE WE WERE:

_____
_____
_____
_____
_____
_____
_____
_____

NAME: DATE: / /

AGE: WHERE WE WERE:

_____
_____
_____
_____
_____
_____
_____
_____

NAME:

DATE: / /

AGE:

WHERE WE WERE:

NAME: DATE: /   /

AGE: WHERE WE WERE:

_____

_____

_____

_____

_____

_____

_____

NAME: DATE: /   /

AGE: WHERE WE WERE:

_____

_____

_____

_____

_____

_____

_____

NAME:

DATE: / /

AGE:

WHERE WE WERE:

NAME:

DATE: / /

AGE:

WHERE WE WERE:

NAME:

DATE: / /

AGE:

WHERE WE WERE:

_____

_____

_____

_____

_____

_____

_____

_____

_____

_____

_____

NAME:

DATE: / /

AGE:

WHERE WE WERE:

NAME:

DATE: / /

AGE:

WHERE WE WERE:

NAME:

DATE: / /

AGE:

WHERE WE WERE:

NAME:

DATE: ___/___/___

AGE:

WHERE WE WERE:

NAME: DATE: / /

AGE: WHERE WE WERE:

_____

_____

_____

_____

_____

_____

_____

NAME: DATE: / /

AGE: WHERE WE WERE:

_____

_____

_____

_____

_____

_____

_____

NAME:

DATE: / /

AGE:

WHERE WE WERE:

NAME: DATE: / /

AGE: WHERE WE WERE:

_____

_____

_____

_____

_____

_____

_____

NAME: DATE: / /

AGE: WHERE WE WERE:

_____

_____

_____

_____

_____

_____

_____

NAME:

DATE: /   /

AGE:

WHERE WE WERE:

NAME:

DATE: /   /

AGE:

WHERE WE WERE:

NAME:

DATE: /   /

AGE:

WHERE WE WERE:

NAME:

DATE: /   /

AGE:

WHERE WE WERE:

NAME:

DATE: /   /

AGE:

WHERE WE WERE:

NAME:

DATE: /   /

AGE:

WHERE WE WERE:

NAME:

DATE: /   /

AGE:

WHERE WE WERE:

NAME: DATE: / /

AGE: WHERE WE WERE:

_____

_____

_____

_____

_____

_____

_____

NAME: DATE: / /

AGE: WHERE WE WERE:

_____

_____

_____

_____

_____

_____

_____

NAME: DATE: / /

AGE: WHERE WE WERE:

NAME: DATE: / /

AGE: WHERE WE WERE:

NAME:

DATE: / /

AGE:

WHERE WE WERE:

NAME: DATE: / /

AGE: WHERE WE WERE:

_____

_____

_____

_____

_____

_____

_____

NAME: DATE: / /

AGE: WHERE WE WERE:

_____

_____

_____

_____

_____

_____

_____

NAME:

DATE: / /

AGE:

WHERE WE WERE:

NAME:

DATE: / /

AGE:

WHERE WE WERE:

NAME:

DATE: / /

AGE:

WHERE WE WERE:

NAME:

DATE: / /

AGE:

WHERE WE WERE:

NAME:

DATE: / /

AGE:

WHERE WE WERE:

NAME:

DATE: / /

AGE:

WHERE WE WERE:

_____

_____

_____

_____

_____

_____

_____

_____

_____

_____

_____

_____

NAME:

DATE: /   /

AGE:

WHERE WE WERE:

NAME:

DATE: /   /

AGE:

WHERE WE WERE:

NAME:

DATE: /   /

AGE:

WHERE WE WERE:

NAME:

DATE: / /

AGE:

WHERE WE WERE:

NAME: DATE: /   /

AGE: WHERE WE WERE:

_____

_____

_____

_____

_____

_____

_____

NAME: DATE: /   /

AGE: WHERE WE WERE:

_____

_____

_____

_____

_____

_____

_____

NAME:
DATE: / /
AGE:
WHERE WE WERE:

NAME:
DATE: / /
AGE:
WHERE WE WERE:

NAME:
DATE: / /
AGE:
WHERE WE WERE: